Deschamps

CONTRIBUTION A L'ÉTUDE

DES

ATROPHIES MUSCULAIRES

A DISTANCE

APPELÉES ENCORE ATROPHIES RÉFLEXES

ATROPHIES MUSCULAIRES

A DISTANCE

APPELÉES ENCORE ATROPHIES RÉFLEXES

PAR

Alexandre DESCHAMPS

LICENCIÉ ÈS-SCIENCES MATHÉMATIQUES

DOCTEUR EN MÉDECINE DE LA FACULTÉ DE PARIS

PARIS

ALPHONSE DERENNE

52, Boulevard Saint-Michel, 52

1883

CONTRIBUTION A L'ÉTUDE

DES

ATROPHIES MUSCULAIRES A DISTANCE

appelées encore Atrophies réflexes

INTRODUCTION

L'étude de l'atrophie musculaire est de date toute récente, et cependant grâce aux travaux des anatomo-patho-
logistes, elle est arrivée à un haut degré de perfection. La
thérapeutique a suivi de près la clinique.

Duchenne (de Boulogne), M. Vulpian, et tout dernièrement M. Lefort lui ont fait faire de grands progrès.

Le traitement des atrophies musculaires par les courants
continus et les courants d'induction a donné des résultats
remarquables. Aussi est-il aujourd'hui très en faveur. Il
y a donc un grand intérêt pour le chirurgien à étudier ce
genre d'affection, de manière à en augmenter le cadre étiologique, compléter la symptomatologie et vérifier les théories pathogéniques.

Il est clair que la connaissance plus approfondie du
processus morbide doit conduire à un traitement plus
rationnel et mieux dirigé qui permettra de l'enrayer avec
plus de succès.

Il y a quelques mois, il s'est présenté à l'hôpital de la Charité, un cas très intéressant d'atrophie musculaire à distance, consécutif à un hématome suppuré de la cuisse.

Il nous a semblé que cette observation, toute nouvelle, méritait d'être ajoutée au cadre étiologique des atrophies musculaires dites *d'origine réflexe*.

Nous avons donc résolu, à ce propos, de passer en revue toutes les lésions chirurgicales qui peuvent donner naissance à des atrophies musculaires à distance et qui à raison de leur mode pathogénique que nous examinerons plus loin, peuvent être appelées *atrophies musculaires d'origine réflexe*.

Comme notre but n'est d'étudier qu'une variété d'atrophies musculaires, ainsi que l'indique le titre de notre sujet, il nous faudra d'abord délimiter nettement cette variété d'atrophie, sans préjuger le mode pathogénique, essayer d'en donner l'explication physiologique et de la sorte justifier le titre de notre travail.

CHAPITRE I

L'atrophie musculaire, qu'il faut avec soin distinguer de l'amaigrissement, est cet état particulier des muscles dans lequel il y a diminution de nombre ou de volume des fibres du muscle. — L'intégrité de la fibre musculaire est sous la dépendance des phénomènes de nutrition qui dans les tissus, concourent à la conservation du type anatomique. Or la nutrition dépend du milieu intérieur, le sang, du système nerveux et du pouvoir contractile de la fibre musculaire. Des causes générales ou locales peuvent modifier l'état du sang, troubler le fonctionnement du système nerveux et détruire la contractilité musculaire. Parmi les causes générales, on peut citer les fièvres, les maladies générales aiguës, les maladies générales chroniques, les intoxications. Parmi les causes locales, il y a : les maladies des muscles, des os, des articulations, celles des vaisseaux, du système nerveux (cerveau, moelle, nerfs, grand sympathique). On peut donc diviser les atrophies musculaires en deux grandes classes :

Les atrophies musculaires de causes générales.

Les atrophies musculaires de causes locales.

A. Ollivier en considère une troisième dans laquelle il fait entrer ce qu'il appelle les atrophies physiologiques. Ce sont les atrophies dues aux progrès de l'âge (l'inanition, la sénilité).

Parmi les atrophies de causes locales, nous distinguerons trois variétés :

1° Les atrophies sur place. — C'est-à-dire celles qui se manifestent seulement au point directement intéressé, sans extension au delà.

Ex. : muscle comprimé par un appareil, par un épanchement, etc...

2° Les atrophies par propagation. — Ce sont celles qui peuvent se produire à distance du point intéressé, mais par un travail irritatif propagé des tissus lésés aux éléments du muscle et entraînant de proche en proche des modifications aboutissant finalement à l'atrophie. Ex. : Atrophie musculaire dans les moignons.

3° Enfin les atrophies à distances, dites réflexes. — Il faut entendre par là, les atrophies qui se montrent à distance dans des muscles, sans aucun rapport apparent d'innervation avec les points primitivement atteints. Dans aucun cas, il n'y a de traces de lésions par propagation. Ex. : Atrophie des muscles de tout un membre consécutive à une arthrite d'une des jointures de ce membre ; atrophie des muscles du membre du côté opposé.

C'est seulement à cette dernière variété d'atrophie que nous consacrerons notre étude.

Nous commencerons par passer en revue les lésions chirurgicales où l'on observe l'atrophie musculaire réflexe.

Ce chapitre consacré à l'étiologie, nous conduira à l'étude des symptômes et, fort des connaissances ainsi acquises, nous essaierons d'en donner l'interprétation. Un dernier chapitre sera consacré au pronostic et au traitement et nous terminerons enfin par quelques conclusions.

CHAPITRE II

Nous les diviserons de la manière suivante :

Affections du squelette.......
- Contusion des articulations.
- Entorses.
- Luxations.
- Arthrites, hydarthroses.
- Tarsalgie.
- Fractures en général.
- Fracture de la rotule.

Affections des parties molles..
- Plaies superficielles sans section des troncs nerveux.
- Lésions traumatiques des nerfs.
- Lésions des centres nerveux.

Phlegmasies consécutives aux
- Contusions.
- Epanchements sanguins, etc ..

§ I. — *Affections du squelette.*

1° *Contusion des articulations.* — Une contusion, au
voisinage d'une articulation, qui en apparence, parait devoir être sans importance, peut déterminer une impotence
fonctionnelle de longue durée, due à une atrophie musculaire rapide et considérable. Cette complication peut pren-

dre quelquefois une telle importance qu'elle masque les autres troubles, tels que les phénomènes d'arthrite concomitants.

Ainsi nous rapportons plus loin deux observations d'atrophie de la cuisse, consécutive à une contusion de la hanche. Dans un cas l'arthrite est passée inaperçue, dans l'autre elle fut manifeste. Doit-on, alors, rapporter l'atrophie à un traumatisme direct (contusion de la hanche) ou à la lésion articulaire qui surviendrait dans tous les cas, mais qui pouvait être quelquefois peu apparente? Il est probable que ces deux causes doivent prendre une certaine part dans l'atrophie. C'est ce que nous verrons, du reste, lorsque nous nous occuperons des arthrites et des contusions des parties molles.

2° *Entorses.* — C'est John Hunter qui le premier paraît avoir signalé l'atrophie musculaire dans les affections des jointures et en particulier dans l'entorse (1). « Il est digne de remarque, dit-il, que les lésions des tendons, des ligaments, des aponévroses, etc., surtout celles qui sont l'effet d'une *entorse*, troublent plus les fonctions des muscles eux-mêmes, et que ces muscles, par leur sympathie avec ces parties qui ont si peu d'action, s'atrophient et perdent leur vigueur. » Selon lui, « les muscles s'atrophient par un effet de la sympathie, c'est-à-dire que les muscles ont la conscience que les parties malades ne peuvent pas répondre aux actions musculaires. Si la maladie n'est que temporaire, les muscles ne s'atrophient point,

____

1. John Hunter. — *OEuvres complètes,* traduc. de Richelot. Paris 1839, t. 1, p. 581.

parce qu'ils ont la conscience que les parties se rétabliront.

Bonnet (1) signale également l'atrophie parmi les complications de l'entorse.

« Quelles que soient les variétés que présentent sous le rapport anatomique, les inflammations chroniques des synoviales consécutives aux entorses, elles entraînent toujours un amaigrissement plus ou moins marqué des parties qui les entourent. En général, cet amaigrissement ne va que jusqu'à l'articulation la plus voisine ; ainsi c'est la jambe seule qui maigrit dans une maladie du pied. Mais quelquefois, l'atrophie s'étend beaucoup plus loin, et un membre tout entier diminue de force et de volume, bien qu'une seule de ses articulations soit enflammée chroniquement. Dans ces cas, les muscles sont moins colorés et perdent une portion de leurs fibres musculaires proprement dites. »

Aug. Ollivier dans sa thèse d'agrégation (1869) rapporte une observation intéressante communiquée par Duchenne (de Boulogne).

Il s'agit d'un individu de 23 ans qui à la suite d'une entorse du genou, vit survenir un gonflement énorme de l'article. On appliqua des sangsues, des vésicatoires, etc. Il fallut trois mois pour que le genou reprît son volume normal.

« Un mois après l'accident, les muscles de la cuisse avaient commencé à maigrir et l'extension de la jambe était

1. Bonnet. *Traité des maladies des articulations*. Paris 1845, t. 1, p, 217.

devenue impossible, quoiqu'il ne restât plus la moindre
douleur dans le genou au repos, ni même pendant le mouvement. » Cinq mois après l'accident, la cuisse affectée
mesurait 7 centimètres de moins que l'autre, et l'atrophie
paraissait porter principalement sur le vaste interne.
M. Duchenne (de Boulogne) fit le diagnostic : « atrophie
réflexe liée à l'affection articulaire. » Ce malade fut électrisé deux fois par semaine. Deux mois plus tard, la cuisse
avait gagné 3 cent. en circonférence, le vaste interne restait un peu atrophié, la claudication avait beaucoup diminué, la station et la marche étaient devenues possibles
pendant plusieurs heures.

Le professeur Lefort cite le cas d'un jeune garçon de 18
ans, qui douze jours après une légère entorse du poignet,
présentait une paralysie avec atrophie des muscles de la
région postérieure de l'avant-bras. La faradisation fut pra-
tiquée tous les matins pendant quinze jours environ et ne
produisit qu'une amélioration à peine sensible. On eut
alors recours aux courants continus faibles et permanents
qui en trois semaines amenèrent une guérison à peu près
complète. Nous reviendrons du reste sur ces faits à propos
du traitement.

M. Pozzi (1) dit avoir vu l'atrophie du triceps dans de
simples entorses du genou, sans hydarthroses. Il l'explique
par l'inertie fonctionnelle de ce muscle, qui à l'état normal
fonctionnant le plus, doit s'atrophier plus et plus vite.
C'est une loi d'anatomie pathologique, dit-il, que la dégénérescence frappe les muscles proportionnellement à leur

1. Bulletin de la Société anatomique de 1871.

activité. Nous nous expliquerons plus loin sur cette hypothèse, quand nous traiterons de la pathogénie.

Il est inutile de multiplier les exemples, car l'atrophie consécutive à l'entorse doit se rattacher à l'inflammation aiguë ou chronique des articulations et nous verrons à propos des arthrites, combien est fréquente la complication qui nous occupe.

3° *Luxations.* — Fréquemment, l'atrophie d'un muscle ou d'un groupe musculaire succède à la luxation et résulte probablement de l'arthrite concomitante (Ollivier, Lefort, Valtat).

Voici ce que dit à ce sujet Ollivier (thèse d'agrégation, 1869).

« Les luxations de l'épaule, même après leur réduction, déterminent souvent de l'arthrite ; aussi n'est-il pas rare de voir des blessés présenter à la suite de cet accident, une douleur dans l'articulation et une atrophie considérable du deltoïde. Le muscle se trouve quelquefois tellement affaibli, qu'il semble réduit à une lame extrêmement mince, sous laquelle on rencontre immédiatement la tête humérale. Les mouvements sont gênés, l'élévation du bras est presqu'impossible alors même que la douleur a cessé, et l'on ne peut invoquer *que l'atrophie* pour expliquer ce phénomène. »

Dans les luxations non réduites, les muscles sont les uns allongés, les autres relâchés. En même temps qu'ils sont déplacés, ils sont ordinairement contus et plus ou moins déchirés. Ils se cicatrisent et subissent une transformation fibreuse qui s'oppose à la réduction. Il se peut aussi que les vaisseaux et les nerfs tiraillés, comprimés, jouent un rôle considérable dans l'atrophie. Dans ce cas, l'atrophie doit disparaître rapidement, lorsque la luxation est réduite. Tout dernièrement, à l'hôpital de la Charité, nous avons vu le cas suivant :

X..., âgé de 62 ans, cordonnier, est entré à la fin de décembre dernier, dans le service de M. Berger avec une luxation de l'épaule droite qui date de 3 semaines. Le malade avait fait une chute sur le coude. Il existe une atrophie considérable du deltoïde. Les autres muscles de l'épaule paraissent également diminués de volume. Le malade avait eu, environ deux ans auparavant, une attaque d'hémiplégie droite, dont il avait imparfaitement guéri. Il marche en effet difficilement, en traînant la jambe.

On pense alors que l'atrophie musculaire est sous la dépendance de l'hémiplégie et que la luxation en a été la conséquence. D'où l'idée que la luxation, une fois réduite, se reproduirait pour ainsi dire d'elle-même. On réduit sous le chloroforme avec la plus grande facilité et on place un appareil contentif.

8 jours après, le membre réduit a recouvré une partie de ses mouvements et au bout de quinze jours le malade sortait de l'hôpital à peu près guéri. La luxation ne s'était pas reproduite et l'atrophie avait notablement diminué.

A la suite de luxations non réduites, on observe en outre une atrophie de tout le membre. Même les os s'atrophient et leurs courbures s'effacent plus ou moins (Sédillot). L'atrophie est d'autant plus marquée que le malade est plus jeune et que la luxation est plus ancienne.

4° *Arthrites.* — De tous les phénomènes qui accompagnent l'arthrite, l'atrophie musculaire est le plus important. Elle survient si fréquemment, que l'on peut se demander s'il ne faut pas plutôt la considérer comme un symptôme habituel que comme une complication des maladies articulaires. Signalée par J. Hunter et Bonnet (de Lyon), elle a été étudiée avec plus de détails par A. Ollivier, Duchenne (de Boulogne), Lefort et Valtat.

L'atrophie frappe les muscles ou certains groupes musculaires qui entourent la jointure malade. Le plus souvent, ce sont les extenseurs qui sont les premiers et le plus profondément atteints. Ainsi le triceps crural dans les maladies du genou, le deltoïde dans celles de l'épaule, les fessiers à la hanche, le triceps huméral au coude, etc... Cependant, il n'est pas rare de voir l'atrophie s'étendre à d'autres muscles très éloignés de l'articulation, à tout un segment de membre, bien qu'une seule articulation soit enflammée (Voir l'observation VI de la thèse de Valtat, 1877). Ces localisations spéciales de l'atrophie montrent déjà qu'il faut les distinguer nettement de l'amaigrissement, suite de l'inaction prolongée. Dans beaucoup de cas, l'atrophie musculaire apparaît quelques jours après, ou même dès le début de la lésion. Elle s'accompagne souvent de paralysie, quelquefois même la paralysie la précède (Valtat). L'atrophie persiste et s'accroît même tant que dure la lésion. Elle dure fort longtemps, même après la guérison de l'arthrite et ne disparaît qu'avec peine. Quelquefois elle persiste indéfiniment, laissant à sa suite un membre impotent. On a voulu expliquer ces atrophies par l'inertie fonctionnelle qui agirait plus et plus vite sur les muscles qui fonctionnent le plus, les extenseurs. Nous verrons qu'il est plus logique de l'attribuer à une origine reflexe.

L'atrophie s'observe dans toutes les variétés d'arthrites, arthrites aiguës ou chroniques.

Arthrites traumatiques.

Arthrites spontanées.......... { Tumeurs blanches.
{ Arthrites blennorrhagiques.
{ Arthrites rhumatismales.

La multiplicité des muscles atrophiés, leur degré d'atrophie dépendent beaucoup plus de l'intensité de l'arthrite que de sa nature.

La tumeur blanche, l'arthrite blennorrhagique suraiguë donnent le plus souvent lieu à l'atrophie de tout un membre. Il en est souvent de même dans l'arthrite rhumatismale.

Toutefois, la loi précédente n'est pas vraie d'une manière absolue et M. Sabourin, dans sa thèse sur l'atrophie d'origine rhumatismale (Paris, 1873), cite un exemple d'arthrite légère de l'épaule, ayant occasionné l'atrophie rapide, non-seulement du deltoïde, mais aussi du grand pectoral, des sus et sous-épineux, voire même du coraco-brachial.

Une remarque importante, c'est que le muscle en voie d'atrophie n'est pas plus atrophié dans les points contigus à l'articulation malade que dans les autres. L'atrophie marche de pair dans toute l'étendue du muscle. Nous tirerons de ce fait la conséquence qu'il comporte à l'article pathogénie.

Hydarthrose. — Dans le cours d'une hydarthrose, et après la disparition de l'épanchement, on observe encore l'atrophie des muscles péri-articulaires. J. Roux en 1845, dans un mémoire sur l'hydarthrose scapulo-humérale, expliquait cette atrophie par la distension mécanique. Mais l'atrophie ne reste pas limitée à la jointure, elle s'étend dans la plupart des cas à tout un segment de membre. Cette explication, vraie peut-être dans quelques circonslances, ne peut s'appliquer à tous les cas. L'hydarthrose est accompagnée plus ou moins d'arthrite et nous avons vu plus haut que l'arthrite même légère donnait lieu à l'atrophie. Ce cas rentre donc dans l'arthrite en général.

5° *Tarsalgie*. — Les phénomènes d'atrophie et de rétraction fibreuse du long péronier latéral dans la tarsalgie en raison du point de départ (arthrite médio-tarsienne) que leur assigne M. Gosselin, rentre dans la catégorie des atrophies musculaires à distance que nous étudions.

Pour M. Gosselin, en effet, d'après les commémoratifs, la clinique et grâce à un examen anatomique, la douleur siégeant au niveau des os et des articulations de la région postérieure du tarse est le symptôme initial. Elle dure quelques semaines sans déviation du pied. Au bout de ce temps le valgus apparaît, le soir, après la fatigue du jour. La douleur primordiale s'exagérant par la marche, provoque par action réflexe la contraction musculaire et la déviation du pied en dehors. Voilà le premier degré. Valgus par contracture musculaire réflexe analogue aux contractures musculaires consécutives aux arthrites (coxalgie, tumeur blanche du genou, torticolis consécutif à une arthrite rhumatismale des articulations cervicales) (Gosselin).

Dans ce premier degré, la douleur surtout, la contracture et le valgus disparaissent par le repos pour reparaître après la marche.

2me *Degré*. — La douleur et la contracture ne disparaissent plus que dans le sommeil anesthésique.

3me *Degré*. — Plus de relâchement, même dans le sommeil chloroformique. Les muscles sont rétractés et devenus fibreux.

4me *Degré.* — Il y aurait ankylose de l'articulation médio-tarsienne par fusion (Gosselin).

Ainsi donc dans cette théorie, point de départ : *Arthrite médio-tarsienne* ;

Effets consécutifs :

Lésions singulières et importantes du côté des muscles (Rétraction fibreuse) (Gosselin).

Duchenne (de Boulogne) a une autre théorie. A la suite de fatigue produite par de longues marches, le long péronier latéral, qui tend à maintenir la voûte plantaire, deviendrait insuffisant. De là résulterait l'affaissement du pied, des tiraillements dans les ligaments, peut-être de l'arthrite, douleur au niveau de l'articulation médio-tarsienne et contractures consécutives avec toutes ses suites.

Que l'on adopte la théorie de M. Gosselin (point de départ primitif dans l'articulation médio-tarsienne) ou celle de Duchenne (de Boulogne) (point de départ musculaire), la contracture réflexe et la dégénérescence fibreuse des muscles peuvent encore être expliquées par les lésions articulaires du tarse.

6° *Fractures.* — L'atrophie musculaire est une complication presque constante des fractures. Autrefois, on la mettait sur le compte de l'immobilité prolongée du membre ou de la pression exercée par les appareils contenteurs. Sans repousser complètement ces deux causes, dans l'étiologie de l'atrophie des membres fracturés, nous croyons que cette atrophie résulte le plus souvent des phénomènes inflammatoires qui se sont développés dans les muscles qui entourent le foyer traumatique (Valette).

« D'un autre côté, il faut tenir grand compte des lésions

nerveuses, qui coexistent ou sont déterminées par la fracture elle-même et donnent naissance à des troubles nutritifs des muscles, troubles se manifestant *parfois à distance.* » (F. Terrier).

M. Gosselin qui a le plus attiré l'attention des observateurs sur ce sujet, donne une autre cause à l'atrophie. Pour lui, elle résiderait dans le changement de répartition des matériaux nutritifs, conséquence du travail de consolidation.

Les matériaux nutritifs afflueraient en plus grande quantité vers l'os pour la formation du cal et les muscles qui en reçoivent moins s'atrophient. Il voit là une analogie avec ce qui se passe dans la testicule à la suite des inflammations de la tunique vaginale, dans les os, à la suite de carie ou de tumeur blanche. Il résulterait de là que ce sont les muscles les plus voisins de la fracture et les portions de ces muscles contiguës au foyer qui s'atrophient le plus et plus vite. Mais souvent il n'en est pas ainsi, l'atrophie est égale dans toute l'étendue d'un muscle, et souvent aussi des muscles éloignés du foyer de la fracture s'atrophient. Voici du reste une observation à l'appui, prise dans la thèse même de Lejeune qui soutient l'opinion de M. Gosselin.

Le nommé R..., âgé de 20 ans, carrier, s'est fracturé la clavicule droite dans le courant de l'année 1868 à l'hôpital Cochin.

Application de l'écharpe, puis d'un appareil dextriné. Il reste en place deux mois, sans qu'on puisse obtenir la consolidation.

En 1859, il rentre pour orchite blennorrhagique. Fracture dans le même état.

Faiblesse du bras droit du côté de la fracture.

. Les mouvements sont conservés.

Deltoïde, biceps plus petits. Deux centimètres de moins à la mensuration que du côté opposé.

Cette observation prouve qu'il n'y a pas eu déviation nutritive en faveur du cal, puisqu'il n'y a pas eu de consolidation, et que l'atrophie musculaire à distance est due probablement à des lésions nerveuses.

Du reste, Lejeune fait remarquer que l'atrophie est plus considérable dans le cas de fractures compliquées de lésions nerveuses, ce qui tend encore à prouver que la théorie de M. Gosselin ne suffit pas à elle seule à expliquer cette atrophie.

. La fréquence et le degré de l'atrophie musculaire dépendent de la variété de fracture, de son siège et aussi de l'âge du sujet.

L'atrophie est plus fréquente et plus considérable, en effet, dans les fractures comminutives et compliquées. Pour ce qui est du siège, il est facile de comprendre que si la fracture est située en un point voisin d'un tronc nerveux, d'un plexus nerveux, elle sera, ainsi que nous l'avons déjà dit, accompagnée d'une atrophie plus intense. Le siège de la fracture près d'une articulation entraîne aussi, par arthrite consécutive, une atrophie plus considérable.

Chez les jeunes sujets, la fracture près des cartilages épiphysaires, peut entraîner l'atrophie irrémédiable de tout un membre.

L'atrophie est également plus grande dans les fractures chez les sujets âgés. La sénilité intervient alors également comme cause de dénutrition.

Deschamps

La fracture de l'extrémité inférieure du radius ne donne pas généralement d'atrophie, excepté chez les enfants. Il n'en est pas de même pour les fractures voisines du genou. Peut-être faut-il, pour en donner l'explication, invoquer la loi formulée par Broca :

Les os des membres supérieurs s'accroissent par les extrémités éloignées du coude.

Les os des membres inférieurs s'accroissent par leurs extrémités rapprochées du genou.

7° *Fracture de la rotule.* — L'affaiblissement du membre est une des conséquences les plus fréquentes et les plus fâcheuses des fractures de la rotule. Jusqu'à présent, on a expliqué cette impotence relative, par l'écartement persistant des fragments, toutes les fois que cet écartement dépasse un centimètre. Mais M. Berger, dans son article *Rotule, du dictionnaire encyclopédique,* cite des cas nombreux où, malgré l'écartement considérable, le membre avait recouvré presque toute sa puissance. L'écartement des fragments de la rotule n'est donc pas la cause unique de cette faiblesse du membre. On raconte même qu'un chirurgien de Londres avait une grande aversion pour la réunion des fragments de la rotule, à tel point que chez un jeune homme, qui guérissait avec une réunion parfaite, il brisa le cal, en faisant tomber le malade et prit des mesures pour prévenir la réunion ultérieure. Cette conduite ne doit pas certainement être imitée. Mais elle explique un cas de fracture de rotule que nous avons observé il y a environ cinq ans. Il s'agit d'un homme âgé de 54 ans, de bonne constitution, ouvrier forgeron, habitant la campagùe, qui s'était fracturé la rotule par cause directe dans une chute sur le genou droit.

Le malade fut consulter un rebouteur de la localité qui lui conseilla de ne rien faire, de rester seulement au lit la jambe étendue. Il y resta près de six mois. Nous avons vu le malade à ce moment, il commençait à mouvoir sa jambe. Il y avait un écartement considérable des fragments, plus de trois centimètres. A partir de ce moment, il commença à se lever et à marcher avec des béquilles. Au bout de quelques jours, peu habitué encore à ce nouveau genre de locomotion, il buta contre un obstacle, tomba et se fractura de nouveau la rotule. Nous n'avons pu suivre le malade au jour le jour, mais ce que nous affirmons, c'est que malgré l'absence de tous soins, sa fracture a guéri de nouveau, sans aucun appareil avec un écartement des fragments plus considérable encore que la première fois. Au bout de trois ans, il avait recouvré l'usage complet de son membre. La guérison depuis lors s'est maintenue. Il se plaint seulement d'un peu de faiblesse et de ce que sa jambe droite fatigue plus vite que l'autre.

Un cas tout à fait analogue s'est présenté ces jours derniers à l'hôpital de la Charité dans le service de M. Berger.

Le nommé C... âgé de 45 ans, est couché salle Sainte-Vierge, lit nº 27. Garde forestier.

En 1878, il fit une chute sur le genou, ne put se relever après la chute et le genou devint le siège d'un gonflement considérable. Il est manifeste, d'après les commémoratifs et les traces actuelles de la lésion, qu'il y eut une fracture transversale complète de la rotule, dont il guérit, sans aucun traitement, au bout d'un an environ.

Aujourd'hui, le malade détache facilement le talon du plan du lit.

Il y a intégrité presque complète des mouvements. Le malade marche devant nous, dans la salle, sans boîter, aussi librement qu'à l'état normal. Il se plaint seulement d'un peu de faiblesse, de fatigue rapide après une longue marche. Il éprouve de la difficulté à gravir les escaliers et à porter des fardeaux.

On constate un intervalle transversal de trois travers de doigt entre les fragments. Cet intervalle augmente dans les mouvements de flexion et il est porté à quatre travers de doigt environ. Lorsque le muscle triceps est dans le relâchement, on sent parfaitement, dans l'intervalle des fragments, les condyles fémoraux. Dans cette situation, les deux fragments peuvent être mobilisés transversalement en des sens opposés l'un par rapport à l'autre. Ils deviennent fixes, au contraire, dans l'extension.

Les parties fibreuses latérales (vaste interne, vaste externe) s'insérant à la pointe de la rotule, sont conservées, car on voit, manifestement, une saillie en haut, une saillie en bas, et sur les parties latérales, deux saillies linéaires, deux sortes de cordes formées par les insertions fibreuses des parties latérales du triceps qui se tendent dans les mouvements d'extension. Le malade n'entre pas à l'hôpital pour son ancienne fracture de rotule, mais pour une plaie de la tête. Ce n'est qu'incidemment que l'on a découvert cette fracture ancienne.

Ces faits font mieux ressortir ce que nous croyons avoir à dire à ce sujet.

L'impotence tient moins à l'écartement des fragments, qu'à l'atrophie du triceps.

M. Berger, en effet, nous dit ceci :

« Le plus souvent, quand l'écartement persiste, le membre reste affaibli, plus ou moins impotent ; le *triceps s'atrophie* et sa dégénération rend la marche encore plus défectueuse. D'autres fois, au contraire, les troubles fonctionnels d'abord très accentués, diminuent et le blessé arrive à se servir de son membre comme de l'autre, ne s'apercevant de son infirmité que lorsqu'il veut soulever un fardeau ou descendre un escalier. » M. Gosselin pense qu'il faut, pour la guérison complète, qu'une partie du tissu fibreux anté-rotulien soit conservé. Alors la fracture guérissant sans écartement notable, les fonctions du triceps se rétablissent tout entières. Sans doute la conservation du surtout rotulien est préférable, mais dans les fractures avec déchirures de ce surtout rotulien et suivies d'une consolidation fibreuse avec écartement notable, il ne faut pas désespérer, avec un traitement bien dirigé, de voir les fonctions du membre se rétablir d'une façon suffisante.

Nous en trouvons la preuve dans le fait suivant, observé dernièrement dans le service de M. Kirmisson, remplaçant M. Lefort à l'Hôtel-Dieu.

Il s'agit d'un cocher, âgé environ de 35 ans, de bonne constitution, qui avait été traité chez M. Polaillon pour une fracture de la rotule : sorti depuis plusieurs mois du service de M. Polaillon, il entre à l'Hôtel-Dieu avec un écartement considérable des fragments réunis par un cal fibreux.

Impotence complète du membre, due à l'atrophie du triceps. Le membre ballotte et le malade ne peut soulever sa jambe au-dessus du plan du lit. On électrise le muscle, et au bout de quelques semaines, la force revient, l'atrophie disparaît, et le malade peut sortir de l'hôpital non complètement guéri, mais conservant du moins, pour la marche ordinaire, l'usage de son membre.

§ II. — *Affections des parties molles.*

1° *Plaies superficielles sans section des troncs nerveux.*
— Les plaies superficielles n'intéressant ni les muscles, ni
les gros troncs nerveux, ni les os, peuvent donner naissance à des atrophies à distance, considérables. On observe ainsi l'atrophie de tout un membre, voire même l'atrophie du membre du côté opposé au côté lésé.

Nous rapportons à la fin de ce travail trois observations
tout à fait concluantes, publiées par le Dr Picqué dans la
Gazette médicale de Paris, du 17 juillet 1880.

2° *Lésions traumatiques des nerfs.* — Ces lésions peuvent être la conséquence de compressions, contusions, dis-
tensions, déchirures, piqûres et coupures des nerfs. Elles
entraînent des troubles fonctionnels et des troubles trophiques variés.

Pour ce qui est des troubles de nutrition, il y a lieu
d'établir une distinction importante entre ceux qui semblent résulter de l'irritation des nerfs et ceux qui sont
produits par la suppression de leur action. Dans ce dernier cas, le plus simple et le plus fréquent, les troubles
trophiques ne surviennent qu'à la longue et sont la conséquence de la suppression de l'influence nerveuse. Ainsi,
dans la section complète d'un nerf, il y a perte lente de la
contractilité électrique et atrophie consécutive également
très lente des muscles innervés par ce nerf.

Dans une seconde catégorie de troubles trophiques dépendant surtout de la contusion, déchirure, piqûre ou section incomplète des troncs nerveux, c'est l'irritation phlegmasique ou névrite qui domine.

Dans ce cas, la contractilité électrique disparaît très vite et l'atrophie musculaire survient rapidement (Brown-Séquard, Charcot). La paralysie et l'atrophie ne restent pas toujours, dans ce cas, localisées aux muscles animés par le nerf lésé, et on a signalé son extension à des muscles innervés par d'autres troncs. Ce sont des exemples de paralysies et *d'atrophies à distance, dites réflexes* (Larrey, Legouest, W. Mitchell, Brown-Séquard).

La pathogénie a été attribuée à des troubles vaso-moteurs. Nous discuterons plus loin cette opinion.

L'atrophie des muscles consiste en une hyperplasie du tissu cellulaire interstitiel, avec prolifération des noyaux du sarcolemme. Les faisceaux primitifs sont diminués de volume et atrophiés, sous l'influence de cette hyperplasie interstitielle suivie de stéatose (Vulpian). Il faut noter que l'atrophie rapide des muscles coïncide le plus souvent avec des névralgies très vives. Cette atrophie a pour conséquence, la contracture des muscles antagonistes (Couyba) avec rétractions qui donnent aux membres un aspect souvent caractéristique du tronc nerveux lésé (ex. : attitude de la main en griffe dans les lésions du cubital). Quant aux autres troubles nutritifs, nous ne ferons que les mentionner. Ainsi, du côté de la peau on observe de l'érythème, des ulcérations, des affections vésiculeuses et bulleuses, enfin des altérations de l'épiderme, des poils et des ongles.

Du côté du tissu cellulaire, on constate de l'œdème, une

sorte d'éléphantiasis (Weir Mitchell). Couyba rapporte un cas de phlegmon suppuré.

Enfin, on observe encore des arthropathies, des troubles des sécrétions et de la calorification surtout étudiés par Weir Mitchell.

Nous donnons, à la fin de notre travail, le résumé d'une note publiée par M. Hayem dans les *Archives de Physiologie* (1873). C'est un exemple parfait d'atrophie musculaire à distance, consécutive à des lésions nerveuses. On y trouve également une élévation de température locale, due, selon l'opinion de l'auteur, à des modifications des centres thermogènes de la moelle.

3° *Lésions des centres nerveux.* — Nous serons très bref sur ce sujet. Nous dirons seulement qu'à la suite des lésions traumatiques de la moelle (luxations, fractures du rachis, plaies de la moelle épinière, compression, mal de Pott), on observe des troubles nutritifs variés. Troubles du côté de la peau : érythème, vésicules, bulles se terminant par de l'ecthyma ; altération de l'épiderme, des ongles, des poils. Du côté du tissu cellulaire, épaississement, œdème, des eschares, des lésions articulaires. Enfin du côté des muscles, on observe de l'atrophie, tantôt lente, par suite de la cessation de la fonction, tantôt très rapide. Il est à remarquer que dans ce dernier cas, l'atrophie est accompagnée le plus souvent de douleurs névralgiques, de crampes, contractures, phénomènes traduisant l'irritation due à la myélite traumatique. Ce seraient ces phénomènes d'irritation qui joueraient le plus grand rôle dans l'apparition des troubles nutritifs, (Charcot et Vulpian). Duchenne (de Boulogne) signale la perte de contractilité électrique qui peut survenir dès le quatrième jour. L'atrophie musculaire est encore due à l'hypertrophie du tissu cellulaire intra-musculaire et des noyaux du sarcolemme. Cette hyperplasie étoufferait la fibre musculaire.

§ 3. — *Phlegmasies.*

Les affections des muscles (inflammations, tumeurs, épanchements), peuvent agir de deux façons sur l'élément contractile pour l'atrophier.

1° D'une manière directe, par compression.

2° D'une manière indirecte, par irritation des filets ou des troncs nerveux de la région. C'est le mécanisme réflexe dont nous parlerons plus loin.

Dans le premier cas, on observe une atrophie toute locale, facile à distinguer de la seconde variété qui se manifeste à distance. Les épanchements sanguins, et par le fait, les contusions des membres qui les produisent, peuvent donner naissance à cette dernière variété d'atrophie qui est remarquable par son apparition brusque et rapide. Les hématomes suppurés, les phlegmons d'un membre donnent lieu aux mêmes considérations. Nous donnons à la fin de ce travail, trois observations qui démontrent l'existence de ces atrophies à distance. Peut-être faudrait il faire rentrer dans cette catégorie, l'atrophie des muscles dans les moignons, observée un certain temps après l'amputation. On pourrait aussi invoquer la myosite comme cause de l'atrophie, au lieu de la mettre sur le compte de l'inertie fonctionnelle, comme le veut M. Ollivier. Cette opinion demanderait à être vérifiée.

CHAPITRE III

La complication atrophique se traduit par des symptômes qui ont des caractères communs et des caractères particuliers, donnant une physionomie spéciale aux atrophies localisées à un membre, segment de membre ou à un groupe musculaire. Notre but n'est pas de décrire l'atrophie musculaire dans chacune de ses localisations. Ceci nous entraînerait trop loin et ne rentre pas du reste dans notre sujet. Nous ne parlerons donc que des symptômes communs aux atrophies musculaires développées par les lésions chirurgicales que nous venons de passer en revue.

Ces symptômes sont de deux ordres. Il y a les symptômes physiques et les symptômes fonctionnels.

Les premiers se manifestent par des changements dans la forme et le volume des membres. Ces changements dans la forme et certaines attitudes vicieuses, donnent un aspect caractéristique pour chaque membre qui fait reconnaître à l'avance que tel ou tel muscle est pris. Le plus souvent, les modifications dans le volume peuvent être reconnues à la vue simple, en jugeant par comparaison avec le côté sain. La mensuration donne également des renseignements précieux, mais elle offre peu de certitude si l'atrophie est très peu accusée. La palpation permet de reconnaître l'état de flaccidité, de minceur du tissu musculaire. Les parties dures sont plus facilement appréciables au toucher, pourvu toutefois que la peau et le tissu adipeux sous cutané n'aient pas été modifiés dans leur structure. Or il n'est pas rare de rencontrer un épaississement de la peau et du panicule adipeux sous-cutané devenu plus dense (Rendu, Geoffroy). Il faut noter également le développement exagéré du système pileux, donnant aux membres une apparence masculine. On a signalé encore l'érythème, la pâleur des téguments, le développement exagéré des veines et la sensation de froid dans le membre malade. Nous avons rapporté un cas d'élévation de température persistante du côté du membre lésé.

L'atrophie, le plus souvent, ne se limite pas à tel ou tel muscle, à tel ou tel groupe musculaire ; mais elle envahit rapidement tout un segment de membre à distance. Cependant, il faut dire que dans les lésions articulaires, dans les fractures voisines des articulations, on voit fréquemment l'atrophie débuter par les muscles extenseurs et prédominer sur certains faisceaux, sur le droit antérieur par exemple pour le genou. Cette prédominance reste encore inexpliquée ; mais on peut dire qu'aucun muscle périarticulaire n'échappe à l'influence morbide.

L'atrophie, ainsi que nous l'avons déjà dit, porte également à la fois, sur toute l'étendue du muscle. Ce fait digne de remarque, en contradiction avec l'explication fournie par Sabourin, suffit pour prouver qu'il s'agit d'une lésion de la nutrition en elle-même et non d'un travail irritatif, propagé des tissus lésés aux éléments du muscle et entraî-

nant de proche en proche des modifications aboutissant à
l'atrophie.

Valtat, dans sa thèse, rapporte un grand nombre d'observations qui montrent que dans les lésions articulaires,
le début de l'atrophie est rapide. Souvent, elle est précédée par la paralysie des muscles; et l'impotence fonctionnelle que le plus souvent on attribue à la douleur occa-
sionnée par les mouvements doit être rapportée plutôt à
un commencement de paralysie. Dans quelques cas, on
observe la diminution et quelquefois la perte rapide de la
contractilité électrique.

D'une manière générale, l'atrophie musculaire, sous la
dépendance d'une des causes énoncées plus haut, lorsqu'elle a débuté, progresse avec une grande rapidité, nul-
lement en rapport avec l'inaction musculaire que l'on invo-
quait autrefois comme la cause unique de ces phénomènes
atrophiques. Du reste l'atrophie peut atteindre son sum-
mum en quelques jours, en quelques semaines et cela,
malgré les mouvements actifs, malgré l'électricité, ce qui
met de plus en plus hors de cause l'inertie fonctionnelle.

Il est des cas où l'atrophie à distance semble vouloir se
généraliser et ressemble sous ce rapport à l'atrophie musculaire progressive; mais la rapidité d'évolution, le mode
d'extension aux muscles qui en général sont atteints symé-
triquement et en masse, distinguent ce genre d'atrophie de
l'atrophie ordinaire qui marche plus lentement et frappe
les muscles ou des fragments de muscles d'une façon irré-
gulière, pour ainsi dire au hasard. La douleur qui s'observe
fréquemment et les autres troubles trophiques signalés plus
haut, achèvent de différencier ces atrophies dues à des

lésions périphériques, de l'atrophie musculaire progressive.

Comme symptômes fonctionnels, nous venons de dire
déjà, que l'atrophie peut être précédée dans quelques cas
par la paralysie des masses musculaires qui vont s'atrophier. Le plus souvent, à l'atrophie, succède la faiblesse
de contraction musculaire qui se traduit par l'impotence
relative du membre malade.

Les muscles se fatiguent vite, insuffisants qu'ils sont à
contrebalancer leurs antagonistes. Lorsque l'atrophie n'est
pas encore apparente, on a prétendu expliquer cette faiblesse, cette impotence relative du membre, en disant que
le malade, craignant la douleur, évite le plus possible les
mouvements qui la provoquent. Mais, n'est-il pas fréquent
de voir des individus atteints d'une légère hydarthrose du
genou, parfaitement indolente, qui dès le début, se plai-
gnent de faiblesse, de fatigue rapide dans la marche? Il est
plus que probable qu'il y a alors un commencement d'a-
trophie non encore appréciable à la vue et à la mensuration et qui débute presqu'en même temps que la lésion
articulaire.

Dans tous les cas où l'atrophie est peu appréciable ou
incomplète, la fonction reste normale pour une force légère
à développer ou un travail peu considérable à produire.

La complication atrophique pourrait donc passer inaperçue, si on ne la recherchait avec soin dans toutes les
circonstances que nous venons de passer en revue.

CHAPITRE IV

Examinons maintenant les différentes théories émises
pour expliquer les phénomènes d'atrophie que nous venons
d'étudier. Nous avons déjà signalé quelques-unes d'entre
elles à l'étiologie. Ce sont les théories imaginées par John
Hunter, J. Roux et Sabourin, pour l'atrophie dans les
affections des jointures, enfin la théorie de M. Gosselin,
relative aux atrophies musculaires consécutives aux fractures. Nous n'avons que peu de chose à ajouter à ce que
nous avons déjà dit sur ces différentes théories, c'est pourquoi nous les passerons rapidement en revue.

Pour John Hunter, il existe entre les articles et les muscles péri-articulaires, une sympathie singulière, qui fait
que les muscles ont pour ainsi dire conscience des lésions
articulaires. Lorsque l'affection est incurable, les muscles
qui ont la conscience que les parties malades ne peuvent
plus répondre à leur action, s'atrophient. Ils demeurent
intacts au contraire, lorsque l'affection est susceptible de
guérir. Nous croyons qu'il n'est pas nécessaire d'insister
sur cette théorie. On n'admet plus aujourd'hui cette sympathie, du moins sous une forme aussi bizarre.

J. Roux, en 1845, dans son mémoire sur l'hydarthrose
scapulo-humérale, établit une analogie entre l'atrophie

des muscles péri-articulaires et l'amincissement des parois
de l'abdomen, lorsqu'ils sont distendus par le liquide de
l'ascite. Pour lui, il y aurait distension mécanique et macilence musculaire consécutive. Cette théorie, vraie peut-être
dans quelques cas d'hydarthrose considérable, ne peut
s'appliquer à tous les cas d'arthrites, car il existe des arthrites sans liquide. Du reste, nous avons vu, à propos des
symptômes, que l'atrophie ne restait pas limitée à une
jointure, mais s'étendait le plus souvent à tout un segment
de membre.

Pour MM. Cornil et Ranvier, « l'inflammation chronique des muscles survient comme phénomène secondaire,
autour des articulations atteintes de tumeur blanche ou
d'arthrite rhumatismale chronique. » Cette théorie de l'inflammation de voisinage, vraie dans certains cas, ne peut
expliquer les atrophies d'emblée dans toute l'étendue d'un
muscle ou d'un groupe musculaire, encore moins l'atrophie
à distance.

Sabourin (thèse de Paris 1873) le premier, a essayé de
rattacher l'atrophie à une lésion nerveuse. Pour lui : « La
seule condition de sa production est une arthrite spéciale,
ayant son siège dans les tissus fibreux péri-articulaires.
Cette inflammation des tissus fibreux péri-articulaires se
propage au névrilème des dernières ramifications nerveuses
dont l'élément nerveux lui-même s'altère peut-être consécutivement. Le nerf est étouffé : dès lors la nutrition du
muscle étant entravée par ce travail, l'atrophie se produit. »
C'est là une ébauche de la théorie de la névrite ascendante,
bien que dans la pensée de l'auteur il s'agisse d'une action
directe. Le mécanisme invoqué par Sabourin, tout en pa-

raissant plus rationnel que les précédents, ne saurait dans aucun cas expliquer ces atrophies brusques, rapides, survenant dans un membre tout entier après le début de la lésion primordiale.

M. le professeur Gosselin et son élève Lejeune (thèse de doctorat, Paris 1859), admettent pour les atrophies consécutives aux fractures, un mécanisme spécial, celui du défaut dans la répartition des matériaux nutritifs occasionné par le travail qui préside à la formation du cal. Sans nier d'une façon absolue le mécanisme précédent, nous pensons que dans le cas actuel, les causes de l'atrophie sont multiples. Tout d'abord, le foyer d'une fracture est un foyer d'irritation et comme tel peut provoquer des atrophies à distance par le mécanisme de l'action réflexe que nous allons étudier. D'autre part, le fait de la compression exercée par un appareil et l'immobilité prolongée, peuvent encore contribuer, pour une certaine part, à l'atrophie.

Une autre donnée, qu'il faut encore indiquer dans la pathogénie de ces atrophies, c'est l'infiltration sanguine, l'engorgement considérable du foyer de la fracture, l'irritation violente, produisant des phlébites de voisinage. Les fibres contractiles des muscles environnants, soumis dans ces différents cas, à une compression considérable, s'atrophient et restent atrophiés même après la résorption des liquides, à moins qu'un traitement par l'électricité ne vienne rétablir leur intégrité anatomique et par suite leurs fonctions. Si la théorie du professeur Gosselin était vraie d'une façon absolue, on devrait observer l'atrophie dans tous les cas de fracture.

Or le Dr Picqué, dans un cas de fracture simple de la

jambe, chez un homme de 35 ans, ne vit pas se manifes-
ter d'atrophie. Il avait fait usage de l'atelle Desault pour
éviter la compression, et des courants d'induction faibles,
à la manière du professeur Lefort, pour lutter contre l'a-
trophie réflexe et l'immobilité (*Gazette médicale de Paris*
1880).

Il est certain que si la prédominance nutritive en faveur
du cal, invoquée par M. Gosselin, avait le résultat qu'il
indique, l'atrophie aurait dû néanmoins apparaître chez le
malade. Toute tumeur néoplasique de croissance rapide
dans un membre, ne devrait-elle pas provoquer également
une déviation nutritive autrement importante? Or, on n'observe pas d'atrophie appréciable dans aucun de ces cas.

En résumé, la contusion, les douleurs musculaires, toutes les causes en un mot capables de développer une
myosite, produisent l'atrophie locale, au niveau de la fracture.

La seconde variété d'atrophie, l'atrophie à distance, se
rattache à une lésion nerveuse produite au moment même
de l'accident (contusion, déchirure des nerfs par les fragments), ou consécutivement par le cal qui emprisonne et
comprime des filets nerveux.

Reste à examiner les différentes théories qui se partagent
encore les esprits des auteurs.

1° Théorie de l'inertie fonctionnelle.

2° Théorie vaso-motrice de Brown-Séquard.

3° Théorie de la névrite ascendante (Hayem).

4° Théorie des nerfs trophiques de Samuel.

5° Théorie de l'exagération du pouvoir trophique des
centres nerveux (Onimus).

6° Théorie de la diminution du pouvoir trophique des centres nerveux (Vulpian).

1° *Théorie de l'inertie fonctionnelle.* — La théorie de l'inertie fonctionnelle est la plus généralement admise, voyons quelle est sa valeur. Il semble qu'il n'y a rien de plus logique et de plus physiologique que cette théorie.

« La nutrition d'un organe ou d'un tissu est sous la dépendance de l'harmonie qui doit exister entre les irritations fonctionnelles et nutritives. » [Comme corollaire de cette loi ; tout tissu qui ne fonctionne pas s'atrophie. On conçoit donc, comment on a songé à expliquer l'atrophie par l'inertie qui succède à l'immobilisation d'un membre lésé.

Mais d'après M. Charcot, cette lésion passive est lente à se produire. Elle est si lente que Virchow, cité par Ollivier, aurait observé un cas de repos absolu, datant de trente années, sans atrophies musculaires. Il n'y a donc aucun rapport à établir entre cet amaigrissement lent par défaut d'exercice et cette atrophie brusque, rapide que nous avons décrite à la symptomatologie et qui ressemble plus à ce qu'on a appelé une atrophie aiguë des muscles.

Du reste, nous avons dit que cette atrophie se manifestait, alors même que la lésion traumatique primordiale ne condamne pas à un repos absolu. Tels sont les cas d'hydarthroses légères.

Pourquoi, si la loi de l'inertie est vraie, n'y a-t-il pas atrophie dans tous les cas où il y a immobilité absolue d'un membre ? Peut-être faudrait-il admettre, avec le professeur Hayem, que les lésions atteignant les centres médullaires, n'intéressent que la substance blanche, lais-

sant intactes les grosses cellules multipolaires des cornes antérieures, qui, comme on le sait, exercent sur les muscles
une action trophique.

Dans ces conditions, quoique privés de la faculté de se
contracter, sous l'influence de la volonté, les muscles n'en
resteraient pas moins soumis à leurs centres trophiques ;
d'où leur intégrité. Du reste, les atrophies à distance, portant même dans quelques cas sur le membre du côté opposé au membre lésé, sont un argument de plus contre la
théorie de l'inertie fonctionnelle. « Si l'inertie fonctionnelle, d'une part, les influences mécaniques invoquées par
Roux et la myosite directe de Sabourin, d'autre part, ne
peuvent expliquer l'origine des atrophies que nous étudions, force nous est d'admettre alors l'influence du système nerveux, et nous ne dirons pas avec Chauffard, que
les actions réflexes servent aux explications les plus bana-
les ; car c'est, somme toute, une des plus belles conquêtes
de notre siècle d'avoir mis en relief les sympathies qui,
grâce au système nerveux, relient la plupart de nos orga-
nes, sympathies qui, dans le cas qui nous occupe, peuvent
seules expliquer les phénomènes morbides que nous étudions. » (Picqué. *Gazette médicale*, 1880).

2° *Théorie vaso-motrice de Brown-Séquard, par action
réflexe.* — Tout le monde connaît l'expérience suivante :
si l'on plonge une main dans de l'eau très froide elle se
refroidit et un thermomètre placé dans l'autre main dé-
montre également un abaissement de température.

Rouget, sectionnant un nerf sciatique, constata une élévation de température dans le membre correspondant et un
refroidissement du côté sain. Pour expliquer ces phénomè-

nes, il faut admettre avec Brown-Séquard, qu'à une irritation centripète des nerfs sensitifs, succède par action réflexe, une action vaso-constrictive ; d'où ralentissement de la circulation et par suite refroidissement. Tel est le point de départ de la théorie qui nous occupe. Voici ce que dit à ce sujet Brown-Séquard : lui-même « Une irritation part d'une partie excitable, d'un nerf ; elle atteint les centres nerveux et elle est de là réfléchie vers une partie du corps plus ou moins éloignée.

Dans cette partie, elle produit une constriction des vaisseaux sanguins et par suite, une diminution de la nutrition. J'ai vu deux cas, l'un de sciatique ayant produit une atrophie de quelques-uns des muscles de la jambe, l'autre dans lequel la douleur, partant de la cicatrice d'une blessure, située à l'avant-bras gauche, a causé l'atrophie des deux bras. » (*course of lectures on the Physiology and Pathology of the central nervous system*, Brown-Séquard 1860).

Cette théorie est certainement séduisante par sa simplicité, mais alors il faut admettre la constriction permanente des vaisseaux. Or on sait, qu'à une excitation mécanique expérimentale, correspond une constriction des vaisseaux sanguins suivie bientôt d'une dilatation. Toutefois M. Vulpian fait observer que les excitants pathologiques n'agissent pas comme les excitants expérimentaux, il ne faut donc pas conclure de ceux-ci à ceux-là. On peut admettre une irritation continue et des phénomènes morbides secondaires persistants. Ainsi, voit-on, chez les hystériques, des contractures permanentes des muscles de la vie animale ; il peut en être de même des muscles de la vie organique.

On observe en outre, chez les mêmes malades, des anesthésies et des ischémies très prononcées qui peuvent durer
indéfiniment. On ne peut donc pas invoquer, contre la
théorie de Brown-Séquard, ces alternatives de contraction
et de dilatation des vaisseaux.

L'irritation périphérique pourrait également déterminer la constriction des vaisseaux de la substance grise de
la moelle et alors, la cellule moins nourrie, serait affranchie en partie de son pouvoir trophique, d'où l'atrophie
des muscles.

M. Vulpian réfute cette théorie, en disant :

« En supposant qu'une contraction réflexe des vaisseaux ait lieu, soit dans la moelle, soit dans les muscles,
il est difficile d'admettre que cette contraction soit assez
considérable pour amener un affaiblissement de l'activité
fonctionnelle ou pour entraver la nutrition des muscles. »

On sait, en effet, que l'ischémie permanente, chez les
hystériques, n'entraîne pas des troubles de nutrition appréciables.

Une autre objection à cette théorie, toujours d'après
M. Vulpian : plus la lésion porte près d'un tronc nerveux,
plus l'atrophie doit être rapide vu le nombre des filets
vasomoteurs, fournis par anastomose ; or il n'en est rien,
la clinique nous apprend que l'atrophie est aussi rapide
quel que soit le point lésé.

3° *Théorie de la névrite ascendante (Hayem).* — Les
expériences faites par M. Hayem sur le lapin, le cobaye et
le chat, ont montré que l'irritation d'un tronc nerveux est
conduite par le bout central du nerf, à la fois par le tissu
conjonctif et le tissu nerveux, dans les méninges et dans la

moelle, et ces altérations propagées atteignent plus particulièrement la substance grise. Les cellules nerveuses des cornes antérieures sont modifiées, non-seulement du côté correspondant à la lésion, mais aussi du côté opposé. Le professeur Hayém résume ainsi son opinion :

« Le système nerveux exerce sur les muscles une action à la fois motrice et trophique. La motricité volontaire a son origine dans les centres encéphaliques et les lésions de ces centres ou de la moelle, en tant que conducteurs de motricité volontaire, ne produisent que de la paralysie et une atrophie lente par inertie fonctionnelle. L'excitation motrice inconsciente et l'action trophique ont leur source dans les organites de la substance grise, et ces deux propriétés physiologiques s'exercent sur les muscles par l'intermédiaire des nerfs moteurs. Il en résulte que les lésions de la substance grise et des nerfs déterminent une amyotrophie rapide et profonde, très différente de celle qui résulte de l'inertie fonctionnelle. Ces particularités nous permettent de comprendre l'opposition si nette qui existe au point de vue du siège et de la répartition entre les lésions paralytiques et les lésions atrophiques. Tandis que les paralysies portent sur toute une moitié du corps (paraplégie, hémiplégie), les lésions atrophiques peuvent offrir les localisations les plus variées, et dans certains cas atteindre les muscles fibres à fibres, pour ainsi dire, comme si ces parties élémentaires étaient décrochées une à une de leur centre trophique. » (Hayem. — *Article muscle, du dictionnaire encyclopédique*).

Cette théorie que Réclus voudrait invoquer dans les cas d'ophthalmies sympathiques pour la substituer à la théorie

vasomotrice, n'a pas encore été confirmée par l'anatomie
pathologique. Elle ne saurait, du reste, être appliquée à
tous les cas, en particulier à ceux dans lesquels l'atrophie
cède avec facilité au traitement. Il serait difficile, en effet,
d'admettre des lésions matérielles, lorsque l'électricité a
triomphé rapidement. On comprend encore, que des lésions
de cette nature doivent mettre un temps très long à évoluer, ce qui cadre mal avec les symptômes d'atrophie
aiguë dont nous avons parlé.

4° *Théorie des nerfs trophiques de Samuel.* — Nous
ne parlerons que pour mémoire, de la théorie des nerfs
trophiques, due à Samuel. Le rôle des nerfs trophiques
serait : « non pas d'opérer directement, mais d'activer
dans la profondeur des tissus, les échanges qui constituent
l'assimilation et la désassimilation élémentaire. » L'existence des nerfs trophiques n'est pas admissible, mais les
nerfs mixtes puisent dans les centres nerveux, leurs propriétés trophiques comme ils y puisent leurs propriétés
motrices et sensitives.

Le pouvoir trophique vient donc de la moelle, de l'en-
céphale et même aussi des ganglions nerveux. *L'irritation
périphérique transmise à ces centres doit leur faire subir
une modification spéciale, qui doit atteindre le pouvoir
trophique, aussi bien que le pouvoir moteur et sensitif.* Il
peut donc en résulter *des troubles trophiques à la péri-
phérie.* Eh bien ! ces troubles trophiques sont-ils dus à une
exagération ou à une suspension ou perversion de ce pouvoir trophique des centres nerveux ? C'est ce qu'il nous
reste à examiner,

5° *Théorie de l'exagération du pouvoir trophique* (Onimus). Cette question bien étudiée par M. Onimus est résumée ainsi par M. Dieulafoy.

« D'une façon générale, la nutrition des éléments anatomiques consiste en un échange incessant de matériaux ; c'est l'assimilation et la désassimilation. Quelques animaux inférieurs n'ont qu'une seule propriété, la nutrition ; chez eux la nutrition se confond avec la fonction. Au contraire, dans les organismes élevés, la fonction est en apparence plus isolée, elle résulte de l'activité des éléments, des manifestations de leurs propriétés, (mouvement, sensibilité, sécrétion) et chimiquement elle consiste en une combinaison des molécules en présence, combinaison qui est presque toujours une oxydation.

La fonction use ce que la nutrition a lentement emmagasiné. La nutrition est une oxydation lente et un acte continu ; la fonction est une oxydation rapide et un acte plus ou moins intermittent.

Quel est le rôle du système nerveux dans l'économie et comment agit-il sur la nutrition et sur la fonction ? En fin de compte, il agit toujours comme une force de dégagement et cela par l'intermédiaire du nerf ; le nerf est un conducteur dont le rôle est toujours le même ; il décèle et met en activité les propriétés des éléments avec lesquels il communique ; il les fait fonctionner ou, autrement dit, il provoque l'oxydation des principes immédiats qui les composent ; et plus il les fait fonctionner, plus il les use. De sorte que le système nerveux serait plutôt antitrophique que trophique (Onimus).

Il serait trophique quand la nutrition et la fonction sont bien équilibrées ; antitrophique quand l'apport ne peut plus suffire à la dépense ; il y a dans ce cas autophagie de l'élément. Sous l'influence des lésions nerveuses (lésions irritatives) les éléments fonctionnent (ou se détruisent, ce qui revient au même) plus et plus vite qu'ils ne se nourrissent ; cette usure rapide provoque des troubles dystrophiques ou atrophiques. » Cette théorie, si attrayante qu'elle soit, n'est encore qu'une théorie.

6° *Théorie de la diminution du pouvoir trophique* (Vulpian). — Cette théorie se trouve exposée dans les lignes suivantes : « L'irritation des nerfs périphériques sensitifs transmise à la moelle, à la substance grise en particulier, y produit des modifications plus ou moins permanentes, diminuant l'activité trophique des cellules des cornes antérieures. Ces irritations peuvent devenir, chez des sujets prédisposés, la cause de lésions plus considérables, permanentes, des cornes antérieures ; elles pourront même s'étendre à d'autres départements de l'axe gris, et produire ainsi des phénomènes amyotrophiques progressifs et généralisés » (Vulpian).

En résumé, on peut dire que l'atrophie réflexe est admise par tous les auteurs ; ils ne se divisent que pour l'explication des phénomènes.

Est-ce à dire que telle ou telle théorie est vraie à l'exclusion de toutes les autres ? Nous ne le pensons pas. Il se peut que l'atrophie soit due souvent à des causes multiples, et pour ce qui est de l'atrophie succédant à une irritation périphérique par voie réflexe, nous croyons que les différents mécanismes invoqués peuvent y avoir une certaine part. Toutefois, si nous avions à indiquer nos préférences, nous dirions :

Les atrophies musculaires aiguës sont les plus souvent d'ordre réflexe. L'hypothèse la plus probable, celle qui prête le moins aux objections et permet d'expliquer le mieux tous les cas, celle enfin qui est le plus en rapport avec nos connaissances physiologiques, c'est l'hypothèse émise par le professeur Vulpian : *Diminution du pouvoir trophique des centres nerveux.*

CHAPITRE V

Le pronostic est variable suivant les cas. Il est en général bénin, lorsque l'atrophie succède à des lésions parfaitement réparables, pourvu toutefois que l'on saisisse bien les indications et le mode de traitement qui convient. Cependant, il est de nombreuses exceptions. Ainsi, par exemple, il arrive fréquemment que dans *quelques affections peu graves en apparence, telles que contusions, légères entorses, plaies superficielles des parties molles, on ne prévoit pas la complication atrophique et l'on porte un pronostic bénin*. La contusion, l'entorse, semblent devoir évoluer et marcher vers la guérison dans l'intervalle d'un ou deux septenaires, la plaie des téguments est cicatrisée, et cependant, on est tout surpris, dans ces différents cas, de voir le malade ne pas recouvrer l'usage du membre lésé. On examine les choses de plus près et on découvre que le membre est diminué de volume, et cela, longtemps après le début de l'affection, alors que l'on aurait pu enrayer cette atrophie par un traitement approprié, si l'on avait été prévenu de la possibilité de cette complication.

Il faut donc, dans les lésions précédentes, si bénignes qu'elles paraissent, ne pas se hâter de porter un pronostic favorable, explorer les jointures dans les contusions du voisinage, surveiller l'état des muscles et ne se prononcer définitivement sur le degré de bénignité de l'affection que lorsqu'un temps suffisant se sera écoulé depuis l'accident, pour être certain de l'absence de toute complication atrophique. Une légère arthrite, une simple contusion, une plaie cutanée, pouvant occasionner une atrophie rapidement considérable, il est extrêmement important de la constater dès son début, pour pouvoir commencer, le plus tôt possible, le traitement par l'électricité dont nous allons parler dans un instant.

Les affections graves des jointures, telles que tumeurs blanches, entraînent des atrophies le plus souvent irrémédiables. Il en est trop souvent de même dans les fractures, chez les sujets avancés en âge, surtout lorsqu'il s'agit de fractures compliquées ou voisines des articulations. Chez l'adulte, l'atrophie consécutive aux fractures ne disparait pas toujours complètement. Elle disparait chez l'enfant avec l'accroissement, tant qu'il ne s'agit pas de fractures au niveau des épiphyses.

L'atrophie consécutive aux fractures de la rotule, quoique d'un pronostic grave, peut être avantageusement modifiée par le traitement électrique, ainsi que le prouve une observation d'un malade du service de M. Kirmisson. Il en est de même de l'impotence fonctionnelle des péroniers latéraux dans la tarsalgie des adolescents. Cependant, il faut dire que les fractures de rotule laissent le plus souvent à leur suite, un peu de faiblesse musculaire, qui persiste indéfiniment.

Les atrophies consécutives aux lésions nerveuses (troncs nerveux, centres nerveux), comportent le plus souvent un pronostic très grave. Le traitement est presque toujours impuissant, et quoi que l'on fasse, l'impotence du membre affecté est définitive.

Nous ne parlerons pas du diagnostic de l'atrophie, qui, en général, est des plus faciles. Toutefois, il faut savoir que, dans quelques cas, l'atrophie musculaire est masquée par de l'adipose sous-cutanée. La vue et la mensuration ne donnent plus dans ce cas de renseignements suffisants, mais la faiblesse musculaire marquée, la diminution de la contractilité électrique, peuvent mettre sur la voie de ce diagnostic.

Traitement. — Le meilleur traitement de l'affection qui nous occupe, est sans conteste l'électricité. Mais à quel genre d'électricité devons-nous avoir recours ? D'après MM. Lefort et Valtat, il faudrait avoir recours surtout aux courants galvaniques de faible intensité et de longue durée. Pour ces auteurs, les courants continus agissent, non point sur la contractilité du muscle, qui du reste, le plus souvent n'est pas menacée dans les cas qui nous occupent, mais sur la nutrition des parties. Ces courants faibles et continus sont donc des courants de nutrition. Toutefois, M. Valtat, dans sa thèse, admet la faradisation comme un adjuvant utile. Il dit en effet ceci : « Si nous nous reportons à ce que nous avons dit de la nature de l'atrophie, si souvent observée dans le cours des maladies articulaires, on comprendra que les courants continus doivent exercer sur elle une influence très manifeste ; c'est en effet, ce qui a lieu dans tous les cas, et plus rapidement encore, si l'on emploie concurremment la faradisation.

D'après M. Teissier (thèse d'agrégation 1878, sur la valeur thérapeutique des courants continus) qui a fait des expériences de contrôle dans le service de M. Vulpian à la Charité, pour déterminer la valeur relative de ces deux genres d'électricité, la faradisation donnerait des résultats à peu près identiques à ceux fournis par les courants continus. Il est bon à ce propos de donner l'opinion de Duchenne (de Boulogne) dont la compétence en cette matière est si considérable.

« Des trois espèces, l'électricité d'induction est celle qui convient le mieux à l'électrisation musculaire localisée, surtout si cette opération doit être longue et fréquemment répétée. Pour s'en convaincre, il suffit de se rappeler les propriétés physiologiques et thérapeutiques spéciales dont jouit cette espèce d'électricité. Les courants continus et les courants interrompus concentrent leur action dans les muscles et dans les nerfs sans exciter la peau ; mais les propriétés calorifiques et électrolytiques des courants interrompus, sont infiniment moins développées que celles des courants continus.

L'électricité des courants interrompus est donc l'électricité essentiellement médicale. »

D'un autre côté, la galvanisation présente des difficultés pratiques qui tiennent aux causes suivantes : son usage peu commode demande une certaine expérience de la part de celui qui l'applique. La production d'eschares n'est pas une chose rare, si l'on confie dans ce cas, l'électrisation à des mains inexpérimentées. Le praticien doit savoir, s'il faut appliquer les pôles sur la peau, ou en mitiger l'action par l'interposition de linges mouillés. Il doit savoir dans quelles circonstances il faut appliquer des courants ascendants ou descendants. Ceci aurait moins d'importance, puisque la différence d'action des courants ascendants et descendants n'est rien moins que démontrée (Teissier, thèse d'agrégation, Paris, 1878). Les appareils galvaniques sont en outre difficilement transportables et d'un prix fort coûteux, tandis qu'il est peu de médecins qui ne possèdent un appareil de faradisation.

Nous dirons donc que loin de contester l'efficacité des courants continus, il est bon d'employer alternativement les courants interrompus qui réveillent la vitalité des muscles et les courants continus qui agissent sur la moelle. Toutefois, eu tenant compte des observations précédentes, nous donnerions la préférence aux courants faradiques dont Duchenne (de Boulogne) a formulé ainsi le mode d'emploi.

« 1° Promener les réophores humides, aussi rapprochés l'un de l'autre que possible, sur la surface de chacun des muscles malades, avec un courant d'induction à tension plus ou moins grande, de manière que l'excitation puisse atteindre tous les éléments anatomiques qui entrent dans la composition de ces muscles.

2° Exciter, en général, modérément les muscles et appliquer un courant à intermittences éloignées ;

3° Faradiser seulement ceux des muscles atrophiés qui répondent encore à l'excitation électrique, parmi ces derniers, faradiser de préférence ceux dont les fonctions sont les plus utiles à l'usage des membres ; enfin, terminer chaque séance par la faradisation légère des muscles les plus importants parmi ceux qui sont menacés par la marche envahissante de l'atrophie. »

Les muscles complètement atrophiés ne se régénèrent

pas, mais tant que dans un muscle malade il reste quelques faisceaux contractiles, ces faisceaux peuvent devenir le noyau d'autres faisceaux dont le volume augmente sous l'influence de la faradisation. Si l'on fait usage des courants continus, il faut employer des courants descendants, faibles et prolongés suivant la méthode de M. Lefort.

Comme moyens adjuvants, il sera bon en outre, d'employer les frictions sèches et aromatiques, le massage, qui entre les mains des empiriques donne quelquefois des succès, l'hydrothérapie, l'exercice, la gymnastique, les bains sulfureux.

Enfin un traitement général tonique et reconstituant, ne saurait non plus, sans préjudice pour le malade, être négligé. Il doit être le plus souvent, approprié à l'état diathésique du malade.

CONCLUSIONS

1° L'atrophie musculaire peut succéder à une lésion même superficielle des tissus ;

2° Elle peut survenir dans les contusions, les lésions articulaires, les fractures, les plaies des téguments, les lésions des nerfs, les phlegmons des parties molles ;

3° Lorsqu'elle est produite par une cause toute locale, périphérique, elle survient très probablement par le mécanisme de la diminution de l'activité trophique de certaines parties des centres nerveux, mécanisme bien exposé par M. Vulpian ;

4° L'inertie fonctionnelle n'entre que pour une part très minime, si elle y entre, dans la pathogénie de l'atrophie musculaire à distance. La généralisation de cette cause pathogénique produirait des effets désastreux au point de vue thérapeutique ;

5° Lorsque les causes ci-dessus énumérées sont très légères, l'atrophie à distance qui survient dans quelques cas, pourrait échapper à l'observation si elle n'était recherchée très attentivement ;

6° Il convient surtout, de rechercher l'atrophie du triceps dans les fractures de la rotule, car souvent, l'impotence fonctionnelle dans ces cas tient moins à l'écartement des fragments qu'à cette atrophie. La disparition de cette impotence sous l'influence de l'électricité, en est la preuve ;

7° Le meilleur mode de traitement consiste dans l'emploi méthodique et suivi des courants continus descendants, d'après la méthode Lefort, alternant avec les courants faradiques. Toutefois, ces derniers seuls sont d'un usage plus commode et peuvent suffire à amener une guérison complète.

OBSERVATIONS

OBSERVATION I.

Atrophie musculaire consécutive à une contusion de la hanche. — Publiée
par M. le professeur Guyon, et Ch. Féré interne des hôpitaux. — *Pro-*
grès Médical, 2 avril 1881.

Il y a cinq ans, madame de L..., alors âgée de 70 ans, fit une
chute en descendant de voiture. Elle tomba sur le trochanter droit et
ne put se relever. Elle fut vue le soir même par M. Guyon, appelé
en consultation par M. Bucquoy. On constata alors une impotence
complète du membre droit qui était demi fléchi, le talon remontant au-
dessus de la malléole du côté opposé. Après un examen complet, il
fut reconnu que la tête fémorale était en place et qu'il n'existait aucune fracture du femur; le diagnostic fut contusion violente de la
région trochantérienne et le pronostic fut par cela même favorable;
on affirma à la malade qu'elle pourrait se servir de son membre
comme d'ordinaire, dans quelques semaines. Tout parut d'abord se
passer d'une façon conforme à ces espérances; mais lorsqu'au bout
d'un mois environ on voulut faire lever la malade, on constata avec
surprise que la malade était absolument inhabile non seulement à la
marche, mais à la station, bien que la malade qui conservait de la
douleur locale pût exercer dans le lit quelques mouvements d'adduction, d'abduction, d'élévation. On persista néanmoins au bout de
quelques jours de repos, à conseiller de reprendre la station.

Après plusieurs essais toujours infructueux, l'attention fut de nouveau reportée sur la région malade, et on constata un amaigrissement considérable de la cuisse et de la fesse. M. Oninius constata alors que l'atrophie portait sur les trois muscles fessiers, et à la cuisse, principalement sur le droit antérieur ; il institua un traitement par l'électricité (séance tous les deux jours comprenant l'application de courants continus pendant cinq à six minutes, puis de courants induits avec secousses peu fréquentes pendant cinq minutes, et enfin nouvelle application de courants continus pendant cinq ou six minutes encore). La malade fut *plusieurs mois* avant de pouvoir se tenir debout et marcher en s'appuyant sur des béquilles ou sur une chaise. L'usage des béquilles détermina une paralysie radiale qui interrompit les exercices. Enfin, la malade eut recours à M. J. Guérin qui lui appliqua des pointes de feu qui paraissent avoir diminué la douleur locale mais n'ont pas modifié l'état de la motilité. M. Bucquoy a revu cette dame l'hiver dernier, elle boîtait encore, et marchait le pied en dehors.

OBSERVATION II

Atrophie musculaire consécutive à une contusion de la hanche ayant provoqué une arthrite de l'articulation coxo-fémorale. Publiée par M. le professeur Guyon et M. Ch. Féré, interne des hôpitaux. (*Progrès médical*, 2 avril 1881)

M. de S..., âgé de 50 ans environ. d'une bonne santé habituelle, grand marcheur, excellent cavalier, fut le 5 août de l'année 1880, lancé violemment d'une voiture assez élevée par un cheval qu'il ne pouvait maîtriser. Il tomba sur le côté droit et la jambe paraît avoir porté sur toute sa longueur sur le sol. Le malade put se relever seul ; mais il lui semble que sa jambe droite était raccourcie, il voulut s'appuyer sur son pied qui ne put supporter le poids du corps et fut obligé de s'asseoir à terre. Une seconde fois, il essaie de se relever et de marcher, mais en vain ; il éprouve une vive douleur à la partie interne et supérieure de la cuisse droite, ne peut encore s'appuyer sur le pied et retombe assis, croyant se trouver mal. On le porte en voiture pour le ramener à son domicile. Un chirurgien appelé peut faire faire au membre des mouvements d'adduction, d'abduction et de rotation sans augmenter par trop la douleur qui subsiste toujours à la partie supéro-interne de la cuisse et s'étend vers la partie interne du genou ; le diagnostic porté alors fut contusion de la hanche, prononstic bénin.

Pendant un mois, les mouvements restèrent très douloureux, et le malade dut garder le lit dans l'immobilité la plus complète. Le membre paraissait raccourci de 5 à 6 centimètres. Traitement. Cataplasmes arrosés d'eau blanche en permanence.

Au bout d'un mois, après une séance de massage, on le força à se tenir debout, ce qu'il fit avec peine.

A partir de ce jour et pendant le deuxième mois, marche très pénible en s'appuyant sur une chaise. La pointe du pied pouvait seule porter à terre.

A la fin du deuxième mois, le malade peut facilement se lever et se rasseoir et faire quelques mouvements.

A la fin d'octobre, près de trois mois après son accident, il vient consulter à Paris.

Lorsque M. Guyon le vit, il ne présentait aucun signe de fracture ancienne ou récente, pas de raccourcissement réel. Mouvements de flexion très limités. Le malade peut se tenir debout, mais il ne peut marcher sans un appui. Pied porté en dehors ; plus de douleur locale.

Il existe une atrophie évidente des fessiers, du droit antérieur de la cuisse et des adducteurs.

Diagnostic. — Contusion de l'articulation avec atrophie musculaire consécutive.

Le malade est remis aux soins de M. le Dr Onimus qui pratique l'électrisation et le massage.

Le 8 décembre. — Le malade est à sa dixième séance d'électricité et à la sixième de massage, il éprouve une amélioration notable. Les muscles de la cuisse et le grand fessier ont surtout repris ; mais il existe encore une grande impotence du membre.

Observation III (Résumée).

Atrophie consécutive à une fracture de l'humérus droit s'étendant du côté
opposé (Thèse de Gnichard Bordeaux 1881).

Le 4 octobre 1880, entre à l'hôpital Saint-André, dans le service
de clinique médicale du professeur Picot, le nommé C..., âgé de 32
ans, marin. Pas d'antécédents héréditaires. Habitudes alcooliques. A
eu des fièvres intermittentes.

En 1876, chute du pont d'un navire à fond de cale. Fracture de
l'humérus en deux endroits (à l'union du tiers inférieur avec le tiers
moyen et à la demie du tiers moyen). Il dit en outre que plusieurs
côtes, du même côté ont été fracturées.

On lui applique un appareil à l'hôpital de marine de Rochefort.
Quelque temps après, douleur dans le bras et l'épaule.

2 mois après, cal formé. On enlève les attelles et le malade peut
vaquer à ses occupations.

A partir de ce moment, diminution notable de la force.

Un an après la chute, maigreur qui *envahit la totalité du bras et
non pas un muscle l'un après l'autre*. Déviation de la colonne vertébrale, déviation sans douleur. Plus tard, affaiblissement dans le
bras gauche. Atrophie manifeste des muscles de l'éminence thénar de
ce côté.

État actuel. — On constate à première vue, une atrophie des plus
complètes, du bras droit, moins prononcée au bras gauche. Peau
amincie, sèche et luisante à droite. Le deltoïde du bras droit a disparu. Humérus diminué de volume. Mêmes lésions à l'avant-bras,
moins avancées.

Les muscles de l'éminence thénar et les interosseux ont disparu.
Contractilité électrique conservée. Sensibilité id.

Bras gauche. — Atrophie moins avancée.

Muscles de l'éminence thénar et interosseux ont disparu. Scoliose due à une atrophie des muscles de la gouttière vertébrale du côté droit. Atrophie plus prononcée du muscle trapèze à gauche. Colonne vertébrale présente une courbure à concavité gauche.

Pectoraux atrophiés, surtout à droite. Intercostaux atrophiés également.

Diagnostic différentiel à faire avec l'atrophie musculaire progressive. Contre l'atrophie musculaire progressive, il y a la rapidité de l'atrophie et en outre l'atrophie en masse qui cadre mal avec l'atrophie progressive.

OBSERVATION IV

Atrophie musculaire consécutive à une plaie superficielle par coup de couteau (Dr Picqué. *Gazette médicale*, 17 juillet 1880).

Boursier, Julien, soldat au 1er régiment du génie, entré le 13 août 1879.

Pas de traumatisme antérieur.

Coup de couteau au tiers moyen de la jambe gauche et au niveau du tibia.

Plaie oblique de haut en bas et de dehors en dedans d'une longueur de 3 centimètres et demi.

Écartement des lèvres de la plaie de deux centimètres et demi. Pas de tissu musculaire intéressé.

Périoste intact.

En résumé, plaie simple : tendance à la guérison sans accident.

Le 20 août. — Le malade se plaint que son membre commence à maigrir. Le muscle est grêle.

Mensuration de la cuisse.

	Membre sain.	Membre malade.
A 10 c.	38	36
A 20 c.	47,5	44,5

Mensuration de la jambe.

	Membre sain.	Membre malade.
A 10 c.	32	31
A 20 c.	33	31,5

Troubles fonctionnels. — Diminution sensible de la contractilité électrique aux courants faradiques.

Mouvements réflexes légèrement diminués du côté malade.

Le 25. — La macilence a fait des progrès.

La mensuration de la cuisse donne 35 et 43,5.

Celle de la jambe donne 30 et 30,5.

La contractilité électrique a presque totalement disparu.

Les mouvements réflexes s'affaiblissent encore.

Le 27. — La plaie est entièrement guérie, la marche est difficile, il y a paralysie incomplète.

Le malade, se trouvant dans des conditions militaires spéciales, quitte l'hôpital sans qu'on ait pu essayer le traitement par les courants continus.

Observation V

Atrophie musculaire consécutive à une plaie des téguments par contusion
(Dr Picqué, *Gazette médicale de Paris*, 17 juillet 1880).

Humbert Léon, 27 ans, 20ᵉ escadron du train, réserviste. Pas de traumatisme antérieur.

Chute en descendant d'un vagon de chemin de fer. Jambe droite prise entre le marche-pied et le quai. Ce soldat est traîné pendant plusieurs mètres. Entré d'urgence à l'hôpital le 19 mai 1879. Vaste plaie de la jambe à l'union du tiers supérieur avec le tiers moyen ; le tissu musculaire n'est pas intéressé, mais il y a dénudation du périoste et le tissu osseux est légèrement atteint.

Le 27 mai. — Le malade remarque que son membre maigrit.

Le 2 juin. — L'amaigrissement a fait des progrès. Diminution de la contractilité électrique et de l'excitation réflexe.

Mensuration de la cuisse.

	Membre sain.	Membre malade.
A 5 c. . . .	36,8	34
A 10 c. . . .	40,5	35,3
A 15 c. . . .	45	39

Mensuration de la jambe.

	Membre sain.	Membre malade.
A 10 c. . . .	34	30

15 juin. — La plaie diminue beaucoup d'étendue.

L'atrophie a encore fait des progrès.

Les mensurations refaites aux mêmes points de repère donnent pour la cuisse 33, 34, 36, pour la jambe 28.

La marche est difficile, la paralysie est très accentuée.

Le traitement par les courants continus est conseillé ; mais non entrepris, car le malade est réserviste et quitte l'hôpital quelques jours après pour rejoindre ses foyers.

OBSERVATION VI

Fracture comminutive de l'extrémité inférieure du tibia gauche avec atrophie musculaire du membre du côté opposé (Dr Picqué. *Gazette médicale de Paris* 17 juillet 1880).

Mars (Louis), marin, 38 ans, soldat au 38e de marche, blessé dans les Vosges le 6 octobre 1870.

Fracture comminutive de l'extrémité inférieure du tibia gauche ;

durée du traitement : six ans, dont trois ans à l'hôpital de Versailles, deux mois au Vésinet, six semaines aux eaux de Bourbonne.

Rentré dans ses foyers en 1874.

Nouvelle entrée à Versailles, en 1876, pendant six semaines.

Guérison complète. Cicatrice adhérente à l'os, large de 3 centimètres et environ à 4 centimètres et demi au-dessus de la mortaise articulaire.

En 1876 (juillet), spasmes violents dans le membre opposé. Syncope, faiblesse consécutive dans le membre. Séjour au lit pendant trois semaines, suivi du retour complet des mouvements après un mois. Deuxième attaque en 1878, semblable à la première. Traitement de deux mois au lit. Faiblesse consécutive, qui a persisté.

Le malade n'a pu être examiné entre les deux attaques que par un officier de santé civil, qui n'a pu donner aucun renseignement.

État actuel. — Santé générale excellente.

Jambe droite. . . . . Jambe blessée.

Froide au toucher . . . . Normale

Sensibilité . { Tact normal. / Sensation à la douleur assez vive. / — à la température normale. } Normale.

Motilité : Pas de mouvements réflexes. . . . . Normale

Contractilité électrique, faible. . . . . Normale

A 15ᶜ rotule (cuisse), 44,5. 46,5

15ᶜ (jambe), 32. . . . . 34.

Muscles flasques, effacement du pli fessier.

Marche incertaine, difficile, chancelante.

Observation VII (résumée).

Note sur un cas de troubles trophiques avec élévation de température,
consécutifs à une plaie intéressant plusieurs branches nerveuses (Hayem.
Archives de physiologie, 1878).

C..., âgé de 22 ans, lapidaire, entré à la Charité le 3 novembre 1874.

Jeune homme robuste.

Lésions des orteils du côté gauche. — Orteils en massue. Ulcération du gros orteil à la face plantaire d'une longueur de 5 centimètres, recouverte d'une croûte molle, facile à enlever.

C..., reçut en 1871 un éclat d'obus qui pénétra par la partie moyenne et externe du mollet gauche, et vint se loger au milieu des muscles après avoir produit une fracture comminutive du péroné et peut-être aussi une lésion du tibia.

Inflammation de la jambe considérable. — Suppuration. Huit mois après, les phénomènes inflammatoires calmés, on fit une opération pour extraire les éclats d'obus et les sequestres. — Larges incisions à travers les parties externes, internes et postérieures de la jambe.

Disparition des irradiations douloureuses du côté du pied. Cicatrisation des plaies. Vers la fin de l'année 1873, le malade peut commencer à se lever et à marcher; aujourd'hui (novembre 1874), les ulcères des orteils ressemblent très exactement au mal perforant.

Élévation de la température du côté malade (37° c. à gauche, 23° c. à droite).

Altération des poils, des ongles.

La cuisse gauche est moins ferme, moins volumineuse que la droite, ce qui est est dû à une atrophie légère mais manifeste du vaste interne.

Santé excellente malgré les lésions locales.

Électrisation par les courants continus alternativement ascendants et descendants.

En décembre, plaies ulcéreuses presque cicatrisées. Le malade se lève et marche.

20 janvier. — Douleurs vives le long de la jambe ; marche pénible. Le malade est obligé de garder le lit.

Dans la nuit du 27, nouvel abcès de la jambe qui se perfore. Vers le 30 la suppuration se tarit ; le cicatrice de la jambe se referme de nouveau.

Ecart de la température entre les deux pieds. A gauche 30°,2, à droite 26°.

Dans le courant de février le malade se lève et marche, mais on s'aperçoit que le vaste interne de la cuisse du côté malade s'atrophie de plus en plus.

Dès l'entrée du malade à l'hôpital, on avait été frappé de la différence de volume entre les deux cuisses, et il avait semblé que ce fait n'était que la conséquence d'une inaction absolue ou relative prolongée. Actuellement, les muscles de la vie animale subissent, à la suite de lésions de leurs nerfs, une atrophie assez rapide, caractérisée par une diminution plus ou moins considérable de leur volume. En même temps, leur coloration normale pâlit et ils deviennent plus fermes, dans l'état de repos, que les muscles sains.

Stéatose interstitielle.

Il est évident qu'il s'agit d'une atrophie musculaire ; la diminution de volume est en effet plus accentuée dans le vaste interne que dans les autres muscles de la cuisse et depuis que le malade est dans le service, cette atrophie a progressé, bien que le malade ait pu prendre de l'exercice et que les muscles malades aient été électrisés à l'aide de courants continus descendants, dirigés de la moelle au muscle. La contractilité électrique de ce muscle est d'ailleurs conservée.

Le malade quitte le service le 24 février.

A ce moment les ulcérations du pied sont cicatrisées. Température du pied malade 29°,6, celle du pied droit 25°,6. Le malade part pour Vincennes.

L'origine centrale dés phénomènes thermiques est l'hypothèse la plus acceptable.

Il y aurait eu cicatrisation imparfaite des nerfs et consécutivement irritation ascendante des bouts centraux, une altération plus ou moins profonde de la moelle. C'est à cette modifica.ion de la moelle qu'il faut rattacher l'élévation de température survenue longtemps après l'accident.

D'après les expériences faites sur les animaux (Hayem) de toutes les théories relatives au mode de formation des troubles trophiques, la plus probable est celle qui met en jeu une sorte d'action réflexe. C'est celle qui paraît la plus conforme aux données acquises par l'expérimentation. Brown-Séquard est un de ceux qui ont le plus attiré l'attention sur ces phénomènes à distance. Tous ces phénomènes dits d'*ordre réflexe* sont la conséquence du retentissement sur la moelle épinière de l'irritation partant du point lésé.

— *Autre observation de Brown-Séquard qui paraît démontrer parfaitement la possibilité d'une altération de la moelle, consécutive à une blessure des troncs nerveux.*

Il s'agit d'un tailleur de 45 ans, qui, en nettoyant un carreau, s'est coupé le nerf cubital droit. Il en est résulté une paralysie, puis une atrophie des deux derniers doigts, de l'éminence hypothénar et des deux lombricaux internes.

Au bout d'un certain temps, on vit survenir encore d'autres symptômes indiquant un retentissement de la lésion du cubital sur le nerf médian. Ils ont consisté en une paralysie incomplète du pouce et une atrophie légère des muscles de cet organe, soit de l'opposant, du court abducteur et du fléchisseur propre. Puis on observa une roideur de l'épaule et une paralysie des muscles, en même temps qu'une hyperesthésie dans le voisinage et au-dessus de la blessure. Les choses n'en restèrent pas là, et le côté sain (gauche) fut également le siège de troubles importants. Ou y nota une hyperesthésie très marquée, précisément à la partie correspondante à le blessure du poignet droit, et une anesthésie des deux derniers doigts de la main gauche. Enfin à ces symptômes s'ajouta encore de la roideur dans le membre inférieur du côté gauche.

Ce sont là des arguments en faveur de l'origine réflexe, ou, pour mieux dire, médullaire des troubles trophiques et parmi ceux-ci l'élévation de température.

OBSERVATION VIII

Atrophie musculaire consécutive à un phlegmon superficiel et lymphangite de la main et du bras gauche. — Publiée par H. Leloir, interne des hôpitaux (*Progrès médical* 22 octobre 1881)

Le nommé A... âgé de 38 ans, paveur, entre le 30 janvier 1881, salle Saint-Jean-de-Dieu, lit n° 23 bis, à la Charité, dans le service de M. le professeur Vulpian. Antécédents héréditaires. — Père mort alcoolique, mère phymateuse.

Antécédents personnels. — Pas de syphilis ni d'alcoolisme. Paveur depuis l'âge de 15 ans, il se livre à des travaux musculaires souvent très considérables. En 1874, pleurésie gauche pour laquelle il entre à la Pitié pendant trois semaines dans le service de M. le professeur Lasègue. Deux mois après avoir quitté la Pitié, il reçut dans la poitrine, en avant et à gauche, un coup de brancard de tombereau assez violent pour qu'il s'affaissât sur lui-même et manquât de perdre connaissance. Il en souffrit et garda de la dyspnée pendant longtemps.

Un mois après, toujours en 1874, il commença à sentir un chatouillement dans la paume de la main gauche.

Huit jours après, il s'aperçut un matin que la main avait gonflé. Le gonflement devint bientôt énorme et gagna rapidement le bras jusqu'au voisinage de l'aisselle. Sur la main et la partie inférieure de l'avant-bras, la rougeur était uniforme ; à la partie externe du bras, on voyait, raconte-t-il, de longues stries rouges. Dans l'aisselle, il avait un ganglion de la grosseur d'une noix à peu près. Il alla à la consultation de la Pitié, où on lui fit trois incisions dans la paume de la main, il ne s'écoula que quelques gouttes de sang. Il s'appliqua une pommade que lui donna un pharmacien, et, douze jours plus tard, une ouverture se fit spontanément à la face dorsale de la main entre la base du médius et de l'annulaire. Il ne sortit que très peu de pus ; la plaie ne se referma que quatre mois plus tard. Quand il se remit à travailler, il remarqua que le bras gauche avait perdu sa force et qu'il se fatiguait très vite.

En 1877, il s'aperçut que sa main gauche et notamment les muscles du pouce maigrissaient. L'avant bras aussi commençait à maigrir. En même temps la faiblesse augmente, il ne peut plus se servir du pouce et de l'index. Il continua à travailler à peu près pendant un an avec les autres doigts. Enfin il est obligé d'entrer à l'hôpital de la Pitié en mai 1879 dans le service de M. Dumontpallier. Il y reste trois mois et demi, fut électrisé d'une façon peu régulière et sortit sans être amélioré.

A cette époque commencèrent à apparaître les altérations des ongles.

A différentes reprises, depuis deux ans environ, il a ressenti des contractions fibrillaires dans les muscles de la paroi thoracique du bras et de l'épaule du côté gauche.

État actuel: — Homme d'apparence robuste.

Bras gauche a une forme particulière. Muscles de la région externe et postérieure de l'avant-bras intacts. Muscles épitrochléens, muscles de la partie antero-interne ont complètement disparu. Dépression profonde à leur niveau.

Main gauche a l'aspect caractéristique d'une main d'atrophie musculaire progressive. Abolition de la contractilité faradique dans les muscles atrophiés.

Extrémité des quatre derniers doigts déformée.

Ongles épais, dépolis, cassants.

Main et doigts cyanosés. La température est notablement diminuée.

Sensibilité diminuée à la région antéro-interne de l'avant-bras abolie à la face palmaire de la main et des doigts.

Bras gauche sensiblement inférieur en volume au bras droit. Contractions fibrillaires fréquentes dans les muscles de l'avant-bras, du bras, de l'épaule et dans le pectoral à gauche. Pas d'autres phénomènes nerveux. Viscères sains.

OBSERVATION IX (inédite).

Phlegmon hématique de la cuisse avec atrophie.

Le nommé X.., âgé de 25 ans, journalier, est entré le 4 septembre 1882, salle Sainte-Vierge, lit n° 46.

Antécédents. — Hypertrophie cardiaque. Réformé du service militaire.

Commémoratifs. — Il y a 18 mois il fit une chute de cheval qui détermina une ecchymose à la partie supérieure et interne de la cuisse qui resta douloureuse pendant huit jours.

Depuis cette époque, aucun incident à noter de ce côté.

Il y a un mois, le malade a ressenti une douleur vive dans cette région qui n'a été l'objet d'aucun traumatisme nouveau.

La douleur est surtout provoquée par la marche.

Au lit pas de douleur spontanée si ce n'est dans le contact.

Pas d'accidents fébriles au début. Le malade n'a pas interrompu son travail.

Il y a quinze jours, le malade a constaté un gonflement qui, d'après son dire, n'a pas augmenté depuis. La douleur était plus vive. Sueurs nocturnes dans la nuit qui ont duré une dizaine de jours.

Pas d'anorexie ni d'insomnie.

État actuel. — Large tuméfaction à la face interne de la cuisse s'étendant depuis le pli génito-crural jusqu'au tiers inférieur, empiétant en arrière jusqu'au pli fessier effacé en partie et sur la région postérieure de la cuisse qui est manifestement bombée, s'avançant en avant jusqu'au sillon des vaisseaux fémoraux qu'il n'a pas effacé et au niveau duquel il s'arrête.

A la palpation. — On trouve une zone, empâtée, sans fluctuation, limitée par le pli génito-rural, le pli fessier et s'étendant seulement en bas dans un rayon de deux à trois travers de doigts. A ce niveau, la pression est douloureuse.

Plus bas et surtout en arrière, gonflement molasse, indolent, sans œdème ni empâtement.

La peau ne présente aucune modification dans sa coloration.

Rien à noter du côté de la colonne vertébrale ni dans les os du bassin.

Du côté de l'articulation coxo-fémorale, mouvements de flexion très limités : les mouvements d'adduction et d'abduction sont normaux.

Pas d'œdème du pied correspondant.

M. Berger hésite entre un phlegmon, un sarcôme ou une gomme diffuse.

Mais contre l'idée du sarcôme, on a la marche trop rapide de la tumeur, la douleur trop vive.

Il se rallie au phlegmon ; or l'induration et l'absence de points douloureux osseux lui fait éliminer l'abcès par congestion.

Il admet donc un phlegmon local, probablement d'origine hématique à cause de l'ancienne contusion (voir commémoratifs).

Le 6. — La douleur est plus vive, en arrière on sent assez nettement de la fluctuation profonde.

Le 9. — La fluctuation est des plus nettes au niveau de la région externe et postérieure de la partie moyenne de la cuisse.

A partir du 25, fièvre continuelle, température 39° et 40°.

Le premier octobre, on découvre au-dessous de la région, une masse de la grosseur du poing, peu saillante, pâteuse. La fluctuation y est très obscure. La peau n'est pas modifiée à son niveau, sauf un peu d'œdème.

Le 3. — On y arrive par le trocart Chassaignac qui ressort à la partie supérieure du creux poplité. On fait à ce niveau une large incision de 5 à 6 centimètres dans l'intervalle des muscles biceps et demi-membraneux.

Peu de pus. Drainage. Dès le soir la fièvre est tombée. Le malade n'a plus que 37°.

Deschamps   6

Le malade paraît guéri jusqu'au 20 décembre, époque où il se plaint de douleur du genou, probablement exagérée.

Plaque d'anesthésie à la face supérieure et externe de la jambe malade.

En outre, du côté malade on constate un amaigrissement notable du membre, portant surtout sur les muscles de la partie antérieure qui sont flasques, le membre est effilé.

La mensuration fournit 4 centimètres de moins dans la cinconférence du membre atrophié par rapport au côté sain.

Cette atrophie se trouve donc dans la sphère du nerf crural. On ne peut admettre qu'une atrophie à distance. Quel en a été le mécanisme? Là quatre théories se retrouvent en présence, et il est difficile en clinique de se prononcer.

Comme le nerf sciatique était isolé dans le foyer purulent, on pourrait admettre jusqu'à un certain point le mécanisme de la névrite ascendante ayant débuté au point dénudé : mais, ce n'est, en vérité, qu'une simple conjecture et qui s'accommoderait en somme assez mal avec l'intégrité de la zone innervée par le sciatique, sauf peut-être la plaque d'anesthésie à la face supérieure et externe de la jambe.

Quelle que soit la théorie que l'on adopte, nous croyons que ce cas peut être cité comme un type d'atrophie à distance, appelée encore atrophie réflexe.

Malheureusement, il y a une lacune dans cette observation qu'il ne nous a pas été possible de combler. Le traitement de cette atrophie, en effet, manque.

Le 23 décembre on a signé l'exeat du malade pour insubordination.

Imp. A. DERENNE, Mayenne, — Paris, boulevard Saint-Michel, 52.